CUÁNTOS PÁJAROS HUIDOS

EOLAS
ediciones

CUÁNTOS PÁJAROS HUIDOS

Eva Palacios Costero

La oscuridad es un exceso de luz.
¿Por dónde esperar el alivio?
¿En qué esquina el milagro de aquellos
pájaros extinguidos?

María Negroni

PRÓLOGO

Lo indecible y lo indecidible. En sus contornos merodea el poema. Como un pedacito de viento que no terminara de posarse. Como un Sísifo condenado por los significantes. Por lo que arrastran en su ir y venir. Así fluye este poemario: como el pájaro huido que no puede encontrar canto ni asiento. Ni lo encuentra la mirada que hace hueco y es refugio ni la palabra conformada por una suerte de contraluz. Elementos que se complementan y expulsan mutua y constantemente: la contemplación y la escritura, el ojo y la mano. En verdad, se trata de una simbiosis en la que fusión y ruptura se van alternando. Paradoja, sí, pero, ¿hay simbiosis alguna que no se dé en estos términos? *Quisieras una mirada que cicatrice: sin ruido, sin hilo. Lento, lento, lento. Una mirada refugio-con-versos que aleje 'eso'*, dice la voz poética, que asume la incertidumbre, el deseo, el miedo, la presencia del misterio. También la esperanza: *hay hebras de dolor en el cuello, pero se escuchan risas a lo lejos.* Asume lo agudo de la condición humana y de su estar en el mundo, su incesante devenir, el asombro que nos continúa generando el hecho de estar vivos. *Parece mentira. Todo sigue su curso, aunque los tulipanes nos hayan cercado. Su negrura. No ha dejado de girar la tierra, ni un breve instante.* Claro, el asombro de percibir los latidos, de contemplar un atardecer y no saber si habrá más, de sentir el viento sobre el rostro, la luz entre los poros. La extrañeza ante el otro, lo distinto, a veces radicalmente distinto y, por eso mismo, asistir al entrelazamiento de energías, de pupilas. También de palabras que nos aproximan (*en nuestros cuerpos las palabras se han enredado. Eternamente*) y de palabras que tan a menudo hacen ardua la comunicación (*palabras bordean el absurdo*). El otro, la alteridad; lo Otro, el mundo. Eso: el cielo abierto y el suelo bajo nuestros pies. La presencia incógnita de lo humano, que diría Carlos Skliar. Indeterminación. *Perimetras la incertidumbre: la contienes en el hueco de tu mano.*

Lo indecidible de la palabra poética es lo indecidible de la existencia. Aquélla no fija significado alguno, sino que abre un hermoso abanico interpretativo: *Bajo la alfombra agujas nocturnas, versos sin raíces.* Le dona al lector la posibilidad de indagar en sí mismo y en lo que lo rodea. Ésta, la existencia, no nos permite fijar la intensidad de una emoción y el punto cardinal donde se produce. Cuestión cuántica. Así pues, cómo vislumbrar el camino. *El llanto no te pertenece. Ansías el reposo: una y otra vez transitas la vereda. ¿Hacia dónde?* O este otro verso: *Naufragio eras ayer. Sumergidos pies, labios, vuelo. Tu huella borrada respiraba silencio huérfano.* Retomando a Skliar: el porvenir es una encrucijada que no espera nunca. *Todo sigue su curso*, recordemos el verso citado anteriormente. Hacia adelante, sí. Pero hacia dónde:

las sendas se diluyen hasta la no-vida. Y, sobre todo, quién. Es ésta una de las muchas preguntas que atraviesan el texto, y no la de menor peso, por cierto.

Porque a lo largo del poemario hay una búsqueda, un proceso de introspección a través del cuestionamiento, de soltar lo supuestamente atado (*cuántas veces permites a la sequía diluir tus certezas;* o bien: *danzas sobre el alambre),* de un tránsito por la memoria en la que recolectar fragmentos —o su ausencia— que conforman ese yo siempre penduleante (*exhumas el recuerdo de lo que no fue; retroceder al paisaje materno, a los poemas de tiza o al beso fallido de tu adolescencia; no puedes hablar del origen. Ni del precipicio que te crece hacia dentro. Allí resuenan las costras y te elevas),* de un diálogo con un tú interno que arroja al sujeto poético perspectivas inéditas —de hecho, buena parte del poemario está escrito en esa segunda persona autorreferencial—, a través, en fin, de un repliegue que posibilite el despliegue, la ex-istencia, ek-sistere.

La palabra como límite de ese *bucle insomne,* como apertura al ser y al somos. Quizás esos pájaros huidos sean el resto, el rastro de lo que quedó en suspenso, sin vivirse.

Alberto Cubero
Madrid, diciembre de 2023

Para mis hijas, Marta y Paula,
que verdean cada paisaje
con su vuelo

Parece mentira. Todo sigue su curso, aunque los tulipanes nos hayan cercado. Su negrura. No ha dejado de girar la tierra, ni un breve instante. ¡Qué irreverencia! Hay hebras de dolor en el cuello, pero se escuchan risas a lo lejos. El frío taladra nuestros cuerpos y los otros no se dan cuenta. Comen, aman, ajenos a nuestra destrucción. Y queremos decir *sí, tú puedes*. Pero cada sílaba se va en un ave triste. Parece mentira: cuando nuestro centro está devastado.

Caligrafiamos lo (in)necesario. Hace oquedad la mirada.
El balazo duele. Tal vez demasiado cerca de algún norte.

Reflejas otro miedo. Parece que en tus manos están las voces de mujeres sin piel. ¿Por qué cantan alegres? Ha llegado la hora de las bestias. Su filo hambriento. Quieren cuerpos para su festín. El triste fulgor de lo que no ves entre tus pliegues.

No deshagas el misterio de los pies descalzos.

Quisieras una mirada que cicatrice: sin ruido, sin hilo.
Lento, lento, lento. Una mirada refugio-con-versos que
aleje *eso*.

También bajo tierra aúlla el pudor. Escuchas un contigo en blanco y negro. La soledad te pinta las uñas y crece en tu boca un desierto. Quizás aniquiles fronteras al nombrar los afectos y tu consuelo sea el punto de partida.

La lluvia corre por tu escalera, hilo invisible que guía como un ti-tac de muerte.

No se detiene ni siquiera cuando se posa sobre tus labios.

Perimetras la incertidumbre: la contienes en el hueco de tu mano. Luego la escondes en el altillo del armario. No quieres verla cada día. Aunque a veces dudas o sueñas que ha escapado.

Pero no. Ahí sigue.

Finge la noche en su blanca locura. La lluvia metálica
desborda, como la negación de____ Y en ti se rompe
la luna macilenta.

Cuántas veces permites a la sequía diluir tus certezas.
Cuántos pájaros huidos de tus labios entran en la niebla
mientras te aferras a. Entonces echas de menos lo que
casi nace, pero dejó esquinas clavadas en tu pecho.

Como si la posibilidad fuera tu sostén.

El llanto no te pertenece. Ansías el reposo: una y otra vez transitas la vereda.

¿Hacia dónde?

Repta la distancia por la espalda de la tarde. Como una bestia hambrienta te va despojando de conjunciones o verbos inhóspitos en las córneas. Quisieras enjaular lo incierto en el latido de los lápices. Sin embargo, escapa transmutado en miedo.

Crepita la lluvia en una lengua inhóspita. Hay insectos con cuchillas y ladran los vientres. Todos están rendidos a la ausencia.

Nervada la memoria de la carne, en tu garganta late un cactus: te sabes de papel. Y deseas negociar con el espejo. Retroceder al paisaje materno, a los poemas de tiza o al beso fallido de tu adolescencia.

Bajo la alfombra agujas nocturnas, versos sin raíces. En tu pecho aves enjauladas (con la puerta abierta). Se tiñen de mar y migran.

Días en que te nacen flores muertas, coagulas palabras y tus dedos se tiñen de verdín. Entonces bebes niebla bajo los párpados y el humo barre madejas de cicatrices.

(Mientras, la del espejo te ríe y te llora).

Con alas cubiertas de veneno y la lluvia en el bolsillo.
Permaneciste. Ahorcado por los relojes. Al borde del
encantamiento. Fuera de todo.

Cómo tejer la escucha si los senderos han sido quemados. Si el dintel de tus palabras está hecho de sombra. Cómo abrirse al otro cuando el miedo te desborda.

¡Uf! preguntas demasiado.

Borras las distancias, hebras de fuego o aleluyas. *Yo qué sé*, contestas. El mar te huye y flotas entre el humo-nube. Gritas ¡ya!

Escuchas la geometría de las cicatrices en los latidos de días borrados: (re)visitas la herida. No quieres levantar compuertas porque si no lo anegarás todo.

En la piel mutante de la ciudad percuten martillos:
aquí el amor cotiza caro. Los niños juegan con manos
huecas, cubiertos sus cuerpos de blanquísimos dientes.
Y las mujeres riegan nidos, implorando al cielo maná
que las salve.

Con sabor dulce y aciago sacuden las preguntas. Inútil pantomima soltar lastre, para suturar… tu vida.

Se diluye el paisaje si no lo miras. *Tu agujero es el mío* (gritas). El frío fecunda mientras todos permanecen inmóviles.

¿Dirías que las ofrendas fueron suficientes?

Tendidas al sol están tus palabras. Con costuras se mecen: agujeros añiles y blanca tinta. Sobre el duelo del asfalto el tahúr las des-olvida… casi.

Pozos en la comisura: dulces, tenaces, silentes. El lápiz-farsa parecía degollar los huecos. Aquellos jirones: tuyos, míos, suyos. Antesalas de lo ignoto, brea sobre el deseo o fragmentos de luto.

Y todos tan sedientos.

Exhumas el recuerdo de lo que no fue. Agua enroscada, brillo de sombra, caracolas incendiadas. Todo es diáspora bajo tus dedos.

No puedes hablar del origen. Ni del precipicio que te crece hacia dentro. Allí resuenan las costras y te elevas. Pero la tuya es una escalera de agua, llanto contenido por los gorriones que pelean o leche agria salpicada en la boca. Y por eso, no puedes hablar del origen.

Palabras bordean el absurdo. No hay pan que ofrecer
sino naufragio. Cuando la jaula se abre en tu sudario
se refleja el asombro del mundo.

Bucle insomne: voz acantilada: se oye *da igual*. Y los abecedarios invisibles arrastran sus pies. Acaso sean silencios o partes de tu disfraz.

¿Por qué ese límite te abre?

Con locos copulas bajo el enigma del salitre. Las
pupilas del alba preñan tu cuerpo. Danzas sobre el
alambre. Al filo de lo infinito.

En este abril lascivo te diluyes, como alacranes vomitando o paraguas rotos en días impares. Porque el color hiere cuando la frontera es tu piel.

Hacen paréntesis el vientre cosido y la memoria del agua. Tú callas, labio huérfano. Así tiemblan los mapas.

Otra vez pánico a palabras humeantes. Las sendas se diluyen hasta la no-vida. Recuerdas cuando caíste desde tus propias manos. ¡Qué cosas pasan! Se ha detenido todo, pero tu pecho sigue preñado de su aroma. Y rebuscas entre tus bilis, por aquello de pedir perdón y dar gracias, por tanto amor.

No temas. Ha ardido el cadalso que te habitaba. No temas.

Como si fuera posible la transparencia desnudas tu lengua. Amarras la respiración a las esquinas. Como si hubiera redención alguna en este trapecio. Inútil.

Ves secuencias naturales. Sin sentido(s): cactus, tumbas de amor, desnudez. La ecuación viene luego.

Es hora de llamar a mamá. No recuerdas su número, el color de su voz, ni lo que comiste ayer. No reconoces tu casa. Ni la carne que te arropa como una pesada manta. Se ha hecho demasiado tarde. La ausencia es esencia que devora tus sueños. Ya no es hora de llamar a mamá.

Tanta luz pudre la memoria.

Manos de espliego: verbos fértiles: ojos de *ponte una chaquetita*. Su olor aquí perdura.

Escuchas cómo la herida del otro supura en ti. Bajo
la mano ausente buscas cobijo. Apoyas tu voz en el
aire. *Era muy pronto*. La rabia escupe ascuas de sal.
Reniegas de la luz.

Te abandonas: era muy pronto, sí.

Árboles que recitan versos. En sus ramas se mecen palabras insomnes, aullidos, rostros o tiernos brotes de luz. Árboles que curvan los troncos en contra del viento, como en silenciosa resistencia. Aferrados a raíces de tinta miran al cielo. Buscan agua sanadora y destellos que verdeen a la niña cobijada en su propia sombra.

Desterrada de ti. Supiste de sangre quebrada. Miedo ancestral al deseo. El frío dibujó (muy despacio): puertas de salida.

No te sirve el pozo del otro. Lo ves, pero no lo aprehendes. Y no te sirve que se arranque las escamas. Lo lamentas, pero su herida no te deja cicatriz. Porque buscas la torsión o jirones de luz que te re-construyan.

Para que Dios te viera bailar permaneciste quieta. Tal vez miedo. Tal vez hielo.

Tal vez.

Llámale por el nombre de otro. Quizás así responda a los balbuceos de las mariposas. Hurga en las grietas de días que miran atrás o ládrale como perro a los pantalones de su dueño. Mas si contesta, no lo dudes, tan solo corre.

Porque las uñas del vagabundo son más limpias que tus pasos.

Juegas con Él a la gallinita ciega y pierdes (casi siempre). Luego llega la catarsis, por ejemplo, con un *te amo*.

Amas tus aristas, cuesta entenderlo. En el cielo escarbas y te asombras de lo obvio. Acechan buitres. Nunca has temido tanto. Hay cicatrices andantes: luz púrpura sembrada en sus retinas con lo oscuro que hay en ti. Viene alguien más. Calla. No eres la misma. Se apolillan los recuerdos insomnes. Escribes plegarias sin velo. Un mar de leche derramada. El desgarro se hizo falla en tu centro. Alguien maulló. ¿Por qué te cuesta entenderlo?

Intemperie eres, filamento hueco, junco-roca, hierro-pétalo, ritmo-silencio. Hemorragia del olvido.

Entre tus manos brota lo inverosímil. La luz hace añicos y el océano se detiene asombrado. Cuánto coraje en los suspiros de las crisálidas que te pueblan.

No habrá atajos: masticarás las heridas y su hueco.
Después, al fin, la nieve de nuestra voz huirá.

: y me transformo en otra, pero tan tú que nuestras voces se confunden. Hay ámbar en el aire (espeso como tu duelo) que embellece los páramos. Y desaprendemos el invierno para ser de nuevo.

Con la duda vuelves a nacer. Te refugias y recreas la ternura del dolor. Sientes la curva de los días. En realidad, no quieres dejarte ir.

Adiestrada en el arte de la desaparición (Marta Agudo dixit), miras bocabajo la sequía o las marcas que roturan tu lengua. Adiestrada por el pecado de tu nombre, sueñas con un entreacto que te redima.

Entonces escapó de allí: y se hizo (el) poema.

Naufragio eras ayer. Sumergidos pies, labios, vuelo.
Tu huella borrada respiraba silencio huérfano. Mas se
acerca el día en que dejarás de escupir vacío. Volverás
a formar parte del verbo de primavera: urdimbre de
tus pasos.

De los huesos brotan surcos y también brota el otoño.
Desanuda tu centro lo inexorable y escarbas vértigo.
Como un torpe funambulista.

La espalda es llaga quebrada. Escucha. Estallan en mil las cuentas de un collar. No hay salida, ni entre las flores que bañan el día de los muertos. Las libélulas (de dos en dos) escuchan tus poemas de loca. Atraviesan manos mientras tú inventas nuevas palabras, que no se puedan recitar de memoria.

Huracán sediento o asidero para locos. Quizás tan sólo una palabra o todo lo contrario.

Oblígate a girar (René Char dixit). Porque el hombre camina laderas de musgo negro. Todo se puede, pero todo se pudre. Y nos inunda el aroma a flores de papel. Círculos concéntricos al frío, donde acunar rostros de plegarias vanas.

Y casi te sujetas en el otro. Con ramas abiertas, combadas hacia ellos. Para soslayar la no-música. O absorber la luz que escapa por las rendijas de cada boca.

Casi.

Con tu voz enhebras la lluvia y nacen flores minúsculas como plata del camino. En nuestros cuerpos las palabras se han enredado. Eternamente.

Cuando descansaste *stop* al séptimo día *stop* sentiste
ese frío fuera y dentro *stop* ardía como luciérnaga en
la boca del génesis *stop* dudaste de tu obra *stop*

(como todos)

Vuelves al salitre como quien regresa al hogar. Rompes el ayuno con lava sobre el cabello y malvasía hecha de palabras.

Se ha clavado en tus pupilas el color de la inocencia.

ÍNDICE

© de los textos: Eva Palacios Costero
© de la edición: EOLAS EDICIONES

Diagramación: contactovisual.es
Portada: composición fotográfica de Roger Fernández
ISBN: 978-84-10057-65-4
Deposito legal: LE 378-2024
Impreso en España - Printed in Spain